AF258649

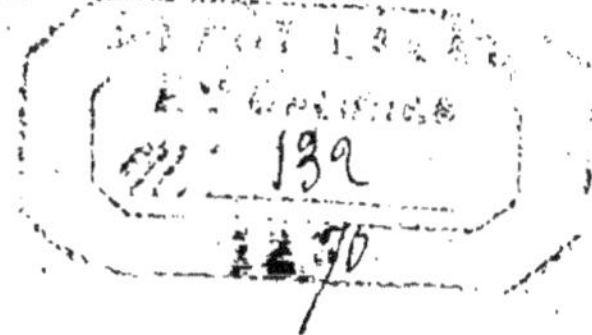

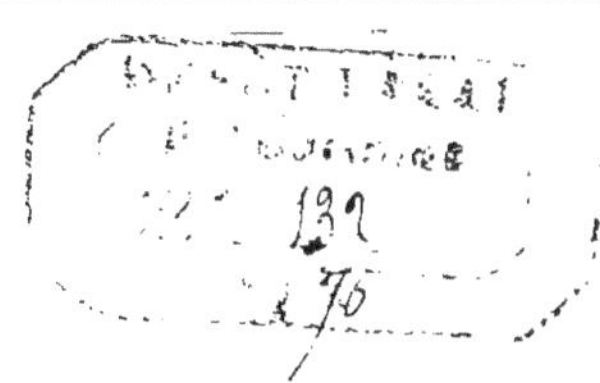

# ÉLOGE

# DE CLÉMENCE ISAURE,

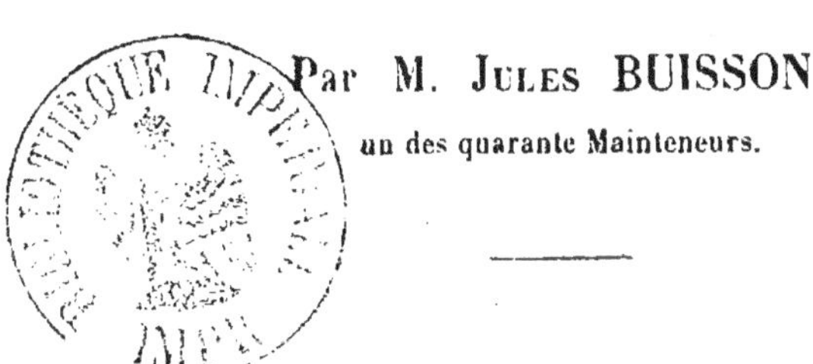

### Par M. Jules BUISSON,

un des quarante Mainteneurs.

MESSIEURS,

Il y a plus de vingt-cinq ans, par un beau soir, sous les ombrages du jardin du Luxembourg, un sculpteur parisien plein de verve et de talent étalait devant moi le projet d'un monument à élever à Clémence Isaure. Rencontrant un méridional, Auguste Préault saisissait une occasion unique de décharger son cerveau du feu d'une création récente. Il parlait avec animation de notre soleil dont la réputation usurpée obsède les gens du Nord, de nos monuments de brique à la couleur ardente, et il rêvait de poser sur une place de Toulouse une Clémence Isaure en bronze au sommet d'une colonne de marbre rose. Vêtue d'un long voile gonflé du souffle de l'air, svelte, le corps lancé en avant, les pieds perdant terre, les bras élevés au-dessus de la tête comme une Gloire ou une Victoire antique, l'institutrice de nos jeux laissait tomber sur la ville une pluie de fleurs. C'était une conception florentine ; l'artiste avait pris la Garonne pour l'Arno. J'approuvais cependant du geste et de la voix ; excité, j'excitais à mon tour ; je décrivais une architecture qui n'a eu ni ses peintres ni ses graveurs. La conversation était pleine de charme ; mais l'heure était tardive ; nous nous séparâmes. Le rêve de Préault alla rejoindre sous ces vertes voûtes, habituées aux confidences des poëtes, des artistes et des savants, les poëmes qui ne s'achèvent jamais, les statues qu'on ne sculpte pas, les découvertes entrevues, tous les chefs-d'œuvre inédits qui forment peut-être la plus belle moitié des œuvres du génie humain.

L'atmosphère de ce jardin unique, saturée d'étude, de poésie solitaires, de paix, de sympathie et d'attraction a-t-elle une vertu conservatrice ? Garde-t-elle à ces jeunes conceptions, qui lui sont confiées encore si chargées de vie, quelque chose de plus vivant ? Je ne sais, mais la preuve qu'elles n'y meurent plus, c'est que j'y reprends, à si long intervalle, la statue d'Auguste Préault pour la découvrir devant vous dans toute sa fleur.

Personne n'imaginera, je pense, de me demander si l'image est ressemblante ; une statue n'est pas un portrait. On n'exigera pas davantage que je recherche à travers les âges, l'authenticité de celui que nous avons. De Catel, Cazeneuve, Lafaille, à MM. de Ponsan et d'Escouloubre, combien de curieux investigateurs ont employé à cette étude les ressources d'une érudition variée ou d'une imagination ingénieuse ? Après eux et de nos jours, la question a été reprise par un romaniste distingué, esprit d'une sincérité parfaite, dont l'autorité se double ici d'un désintéressement qui mérite une considération particulière. Il a montré dans la CLÉMENCE de la Vierge Marie la véritable source de l'inspiration dont nous vivons. Historiens, archéologues, critiques, linguistes je baisse les armes devant tous, n'ayant jamais cherché à passer pour savant.

Quand une personne en renom mérite les honneurs du bronze ou du marbre, il ne paraît pas plus séant de la traiter comme une coquette immortelle capable d'endurer sur un piédestal des louanges éternelles. La reconnaissance traditionnelle des Mainteneurs a, dès longtemps, épuisé l'éloge, et je viens simplement, sous l'inspiration de dame Clémence, jeter un rapide coup d'œil sur la moins officielle des formes littéraires chères aux plumes féminines, la Correspondance ; sauf à toucher, en passant, au Roman, et à rechercher si c'est bien au développement du goût d'écrire chez les femmes, qu'il faut demander le secret de relever leur empire sur les sociétés contemporaines.

La curiosité de la critique trouverait matière à s'exercer sur les correspondances de femmes célèbres bien avant les temps où nous nous sentons invinciblement attirés. Dès qu'il s'agit de *Lettres*, le sommet lumineux, le succès par excellence, qui éclipse tout, avant, pendant, après et pour toujours, c'est le triomphe tout français de M^me de Sévigné. Par le simple recueil de ses lettres intimes écrites au courant de la vie, elle reste la muse avenante de notre littérature familière, séduisante et légère ; la joie, la vie, la fleur de notre sang, « la santé florissante de notre esprit (1) » Frottée du meilleur sel gaulois,

____

(1) Sainte-Beuve.

elle put devenir le type de la politesse et de l'élégance qui ont conquis l'Europe sous Louis XIV, sans rien perdre des richesses de notre vieille et chère veine. Le XVIe siècle si vif, si curieux, si inventif, d'une trame si riche, où tant de libres éléments étaient en fermentation, avait beaucoup préparé. Peut-être marqua-t-il mieux qu'aucun autre la vivacité et la jeunesse de notre génie. La gloire du XVIIe fut différente, formée d'éléments de plus d'apparat : la grandeur de l'ordonnance, la disposition habituellement majestueuse des matériaux amassés dans les âges précédents et la pleine possession de soi, qui est le caractère de la maturité, la grâce d'état de ses écrivains et de ses poëtes. On retrouve dans la voix de M<sup>me</sup> de Sévigné le libre écho de la première de ces époques, le son clair, le timbre pur, délicat et fort de la seconde. Veut-on saisir encore plus au vif sa vraie couleur ? Qu'on la rapproche de la nuance pure XVIIe siècle, de son amie M<sup>me</sup> de Lafayette, comme elle élève de Ménage. Un jour, elles écrivirent toutes deux de Fresnes, sur le même feuillet, à l'ambassadeur de Pomponne. « Je suis si honteuse de ne vous avoir point écrit, disait M<sup>me</sup> de Lafayette, que je n'aurais jamais osé m'y hasarder sans une belle occasion comme celle-ci, à l'abri des noms qui sont de l'autre côté de cette lettre..... » « Pour moi, je suis comme M<sup>me</sup> de Lafayette, poursuit M<sup>me</sup> de Sévigné : si j'avais encore été longtemps sans vous écrire, je crois que je vous aurais souhaité la mort pour être défaite de vous..... » L'une a trouvé la pensée délicate, l'autre en accuse le relief ; un autre esprit apparaît dont la joie est l'élément (1), avec le mouvement, le jet, l'étincelle.

(1) « Enfin, la joie est l'état véritable de votre âme..... » *Portrait de M<sup>me</sup> de Sévigné*, par M<sup>me</sup> de Lafayette.

« Elle est vraie, » disait La Rochefoucault voulant caractériser d'un mot la rare atmosphère respirée par l'aimable auteur de la princesse de Clèves. L'ordre, la mesure, la délicatesse du goût et des sentiments, l'urbanité du langage étaient si saillants en elle que Segrais put lui dire encore sans faire tort à la finesse de son talent : « Votre jugement est supérieur à votre esprit. » Vraie ! judicieuse ! à coup sûr, M$^{me}$ de Sévigné l'était aussi, mais avec un tel éclat de belle humeur, qu'en parlant de sa sincérité et de son jugement il était impossible d'oublier son rire inimitable et sa malice. Malmené, battu, acculé par elle à l'invective, Bussy-Rabutin lui lança un jour cette injure de « petite brutale, » qui semble la riposte d'un soufflet dans une comédie de Molière. Il est vrai que la Marquise remet aussitôt les choses à leur place, parlant d'épée, de gentilhomme à terre, et le relève galamment en lui offrant de recommencer le combat ; la *petite brutale* n'en reste pas moins un coup de pinceau. Et il est avéré que nul peintre, eût-il été dix fois écorché dans sa vanité comme Bussy, n'eût osé employer cette touche insolente, même sur des accessoires et en un coin du portrait de M$^{me}$ de Lafayette. Qui, d'ailleurs a jamais songé à contester la saveur plus forte et la prééminence de M$^{me}$ de Sévigné ? Mieux que personne M$^{me}$ de Lafayette elle-même goûtait cette supériorité. Nul ne contribua plus qu'elle à répandre les lettres de l'illustre Marquise, de son vivant. « Vous avez reçu, lui disait-elle, des grâces du ciel, qui n'ont jamais été données qu'à vous, et le monde vous est obligé de lui être venu montrer mille agréables qualités, qui jusqu'ici lui avaient été inconnues (1) ».

_______

(1) *Portrait de M^e de Sévigné.*

Elle ne laissait pas d'ailleurs que de se ménager de menues revanches du côté du goût. C'est ainsi qu'elle écrivait, ayant en vue sans nul doute, cette pointe gauloise que nous apprécions aujourd'hui autrement que les habituées de l'hôtel de Rambouillet même venues à résipiscence : « Vous avez le goût au-dessous de votre esprit et M. de La Rochefoucault aussi , et moi encore , mais pas tant que vous deux. » Enfin, elle prétendit toujours à plus de perfection dans la tendresse : « Résolvez-vous, ma belle , de me voir soutenir toute ma vie, à la pointe de mon éloquence, que je vous aime plus encore que vous ne m'aimez. » Quoi qu'il en soit de ces compétitions délicates , M<sup>me</sup> de Sévigné se rattache à Molière, à la Fontaine, à St-Simon ; M<sup>me</sup> de Lafayette se perd dans l'ombre de Racine. Celle-ci est d'un temps, et tellement de son temps qu'elle s'efface forcément à mesure que le xvii<sup>e</sup> siècle s'éloigne. Elle est pour nous, malgré le suffrage de Voltaire, de d'Alembert, de Fontenelle , malgré le travail récent de M. Taine, dans l'atmosphère bleue des lointains, voilée et moins apparente ; celle-là est de tous les temps et ne saurait vieillir. Dans la réunion idéale des maîtres en l'art de penser et d'écrire, c'est aux premiers plans qu'elle s'assied , avec une grâce familière, à côté de ceux de son siècle, que le nôtre déclare le plus continuellement, le plus éternellement français. Comme leurs Comédies, leurs Fables ou leurs Mémoires, ses Lettres sont devenues non-seulement un des monuments classiques de notre langue, mais le passe-port le plus accrédité de notre génie à l'étranger.

Rien pourtant ne ressemble moins qu'elle à une femme auteur. Dans la société d'alors, quand la langue moderne de toutes parts se devine, se forme et se

fixe, il n'était pas besoin de faire des lettres une profession pour devenir un écrivain de premier ordre.
La Marquise de Sévigné comme le duc de St-Simon,
simplement munis de la bonne éducation générale
de leur temps, ont écrit en vivant dans leur sphère
de la vie commune. Ils n'ont pas connu cette sé-
questration étrange qui est, de plus en plus, la loi et
le poids des hommes de lettres proprement dits. Nul-
lement séparés du monde, mais au contraire mêlés
au monde le plus possible , tirant de lui leur force,
leurs préjugés ou leur faiblesse, et, en grande partie,
leur forme même. La Marquise, surtout, est-elle autre
chose que l'expression naturelle de la politesse et de
la sociabilité française à l'heure choisie de leur fé-
condité ? Mais elle est aussi un produit merveilleux ,
de la nature, de ses dons personnels, des dons géné-
raux qu'elle accorde à la femme ; par là, sa renommée n'est point un accident , mais la gloire, le
droit, la possession de toutes. On peut considérer en
elle le génie féminin dans sa manifestation littéraire
spontanée , fatale. Qu'on étudie, chez toutes les
nations où le sexe a pris une part active à la culture
intellectuelle, les divers monuments de la littérature,
Poëmes, Drames , Histoires, Critiques, Philosophies,
les femmes de tous les temps s'y montrent presque
toujours inférieures aux hommes. Il en est bien autrement dans la Correspondance : toutes les fois que
le commerce épistolaire n'aura pas un but déterminé
d'enseignement mondain ou de direction spirituelle,
quoi de moins rare , en effet, que de les voir pren-
dre des avantages sur leurs vis-à-vis masculins ?
La supériorité habituelle de M^{me} de Sévigné n'est donc
point une exception dans l'histoire de ces conversa-
tions à la plume, où l'on combat toujours un peu

même lorsque on a le plus l'air de s'entendre. C'est que le génie épistolaire appartient en propre aux femmes. Il procède avant tout de l'imprévu, de la grâce et de la souplesse, d'une présence d'esprit, d'une présence de cœur, d'un tact jamais en défaut. A cet échange familier, à ce penser tout haut, elles apportent bien plus d'intuition, de promptitude, d'aimable abandon. Dans un duel où la véritable force est la finesse, l'instinct intellectuel prend le pas sur la hauteur ou la profondeur des vues et sur les éléments oratoires. Une lettre ! pour ces grands distraits de l'étude, de la science, de la poésie, de l'art, de la politique ou de la guerre, le cadre semble trop petit ; c'est une cage. Eh bien ! dans cette cage si étroite et si frêle, les femmes de tous les temps trouveront moyen d'aller, de venir avec aisance, de se mouvoir sans repos et cependant sans fatigue, pareilles à ces oiseaux aux couleurs chatoyantes, toujours voltigeant, impalpables, qui rendent l'air plus léger.

Qui de nous, en feuilletant des recueils d'autographes, n'est resté quelquefois ravi, même devant l'une des manifestations secondaires du génie familier des françaises du XVII<sup>e</sup> siècle, devant un *billet !* Le format, l'écriture, une écriture simple, originale, également exempte de l'uniformité qui révèle le couvent, des pleins grossiers qui sentent l'école banale et le négoce, la profession ; le fond surtout, le trait, le tour, le point juste, tout révèle la pratique supérieure d'une civilisation exquise. D'un joli billet de ce temps-là, il ne faut pas dire qu'il est bien ; il est le mieux possible. On a peine à se figurer que ces feuilles légères fussent transmises à travers les boues de la ville ou de la banlieue par ces messagers qui arrachent à M<sup>me</sup> de Sévigné une plainte sympathique.

Pour une telle besogne il leur manquait assurément des ailes au talon ; et l'on croirait plutôt, tant cette littérature est aisée, qu'il a suffi d'un souffle de l'aimable correspondante pour les lancer à leur adresse.

Le xviiiᵉ siècle a bien écrit des billets très-vifs, trop vifs, trop spirituels, de cet esprit qui tend à passer les bornes qu'avant on ne touchait jamais ; le xixᵉ n'en fait plus. Tout est rapide aujourd'hui excepté les lettres, à en juger par les plus récentes publications. Qui donc a maintenant le temps d'être court ? le billet, cet express de l'esprit de sociabilité, a suivi les neiges d'antan. Un carré de papier carton, une formule, une presse d'imprimerie, des agences de distribution, tels sont les procédés sommaires qui remplacent le plus souvent, — quel scandale si nos grand'mères le voyaient ! — les façons civiles et séduisantes d'autrefois.

Quel intérêt varié n'offriraient point les correspondances féminines dans la mêlée du xviiiᵉ siècle, à tous ses moments, dans toutes les classes, et même hors classe ? Pourtant je ne m'y voudrais pas trop arrêter. Elles diffèrent tant de celles que nous laissons. Le ton, je le sais, a grandement survécu aux mœurs chez la plus polie des nations modernes, et les lettres des femmes célèbres de ce temps-là résistent plus et plus longtemps que les livres à une certaine contagion de licence. En quittant une renommée aussi pure, aussi morale, aussi à l'abri de tout soupçon que celle de Mᵐᵉ de Sévigné, on n'en risquerait pas moins d'être sévère pour ces vies hardies et hasardeuses inclinant ou courant aux extrémités les plus contraires à l'esprit du xviiᵉ siècle. A ne regarder que le côté littéraire, un trait commun à tous les âges du xviiiᵉ, la rupture de l'équilibre entre les différentes facultés de l'âme, sépare les deux séries de correspondances. Sainte-Beuve a dit avec une justesse parfaite de M^{me} de Sévigné : « Nulle, parmi les femmes françaises, n'a possédé à ce degré l'imagination et l'esprit. » Désormais le mariage « entre les deux, si naturel chez elle » ne se présente plus dans ces heureuses conditions d'égalité. L'absence de proportion, d'harmonie est sensible et parfois choquante. Chose importante à noter : le mélange d'éléments étrangers altère aussi davantage le tempérament national.

Restreignons-nous, sur ce charmant sujet, à deux remarques importantes. On ne rencontre guère plus que lettres d'amour. C'est sous le jour de liaisons peu discrètes qu'il faut saisir à sa source le courant d'exaltation passionnée qui déborde aujourd'hui sous nos yeux. Ici point, en réalité, malgré les éclats apparents et le tumulte simulant l'allégresse, la longue lamentation des passions modernes, *passions-tristesses*, maladives, inquiètes, mélancoliques, ambitieuses, perdues dans les rêveries et les contemplations interminables de la nature, manquant en un mot de nos vieilles qualités françaises, la rondeur, la franchise, la simplicité, la santé morale. L'amour, la joie divine, l'élan de l'âme et du corps, mêlé de sourires ou de rire étincelant, l'éclosion universelle, la vie, le printemps, l'amour est maintenant splendide mais plaintif comme un automne. Notre littérature en est devenue superbe dans l'expression violente de la passion, plus pathétique, surtout plus colorée ; au point de vue de l'imagination, nous nous sommes bien enrichis ; mais la mollesse, le désordre, l'énervement ont gagné le cœur et compromis la netteté du langage. On doit marquer là avec précision, l'une de nos origines. Le mot si connu de *la lettre de feue M*^me *la comtesse de Tessé à* M^me *la comtesse de* M..... « le bonheur dans ce monde, le voici : sentir et bien placer ce que l'on sent » — n'est-il pas le naturel préambule du code de notre poétique actuelle aboutissant à la rage de sentir? « Les âmes turbulentes, qui ne sont faites que pour les excès », « les âmes de feu et de douleur », dont parle M^lle de Lespinasse et que rappelle M^lle Aïssé, ne sont-elles pas les sœurs de celles que nous venons d'entendre gémir leurs plaintes ou chanter et tonner leurs révoltes amoureuses dans les flammes et les éclairs d'un orage poétique inconnu jusques à nous?

Soyons néanmoins indulgents pour ces entraînements féminins et n'oublions pas que les premiers torts furent nôtres. A un moment donné, la mode ne permit pas à une femme du monde d'ignorer sa Nouvelle Héloïse; l'air en était imprégné. En province cela dura longtemps; et je me souviens encore d'avoir ouï conter à une personne distinguée, élevée d'ailleurs dans les sentiments d'une piété austère, qu'au début de son mariage, il lui arriva de dire, sans se douter qu'elle répétait une phrase du Roman : « Les enfants chantent la nuit quand ils ont peur ». « Vous avez donc lu la Nouvelle Héloïse! » fit le mari, contenant mal son étonnement. — « Je le crois bien » — répondit-elle. Elle n'en avait jamais su que le nom.

Pour être juste, notons aussi en passant ce qui est à l'avantage de ces libres discoureuses : le côté positif du xviii^e siècle, ses vues politiques, son invention d'avenir l'Economie, jettent de loin en loin dans leur correspondance comme une lueur inattendue. Si l'on compare les lettres de nouvelles, de M^me de Sévigné, l'annonce du mariage de Mademoiselle avec

M. de Lauzun, le récit de la mort de Vatel (1), aux lettres analogues de M^lle de Lespinasse, à celle, par exemple, où elle raconte la formation du ministère Turgot, on est frappé d'une étrange contradiction. Les premières demeurent étincelantes, merveilleuses, incomparables, mais elles semblent frivoles. A côté de cet écho « des transports de la joie universelle » de tout un pays, que deviennent les *faits-Chantilly* qui étaient, en 1671, la préoccupation de la ville et de la cour? La portée, l'importance, la proportion réelle des événements, M^lle de Lespinasse a tout cela; et la plus sérieuse des deux, le croirait-on? c'est encore la personne romanesque qui « ne vivait que pour l'amour (2) », et dont la naissance, les passions, la vie singulière reflètent les existences aventureuses de cette époque.

D'autres, après nous, jouiront des correspondances du xix^e siècle et les jugeront. Quelqu'étonnante que soit de nos jours la vitesse acquise en toute matière, et bien que notre impatience n'attende pas toujours l'heure licite de ces sortes de révélations, il faut laisser mourir les siècles, comme les gens, avant de pouvoir se dire vraiment maître de leurs papiers intimes. Dès aujourd'hui, cependant, il est permis de prétendre que, s'il échappe encore quelque correspondance charmante à notre temps affairé, elle tombe le plus souvent sous le voile de l'intimité, de quelque plume féminine. Je n'en citerai pour preuve que deux livres justement aimés de l'Académie : les lettres et le journal d'Eugénie de Guérin, la correspondance de

(1) Voir même les lettres sur la guerre de Hollande, la mort du duc de Longueville..... « Mais, en vérité, toute la Hollande ne vaut pas un tel prince. »

(2) « *Je ne vivais que pour l'amour,* » M^le de Lespinasse.

M^me Swetchine et du P. Lacordaire. Quelle floraison ravissante ces lettres d'Eugénie de Guérin ! Quelle séve ! Qui ne les préfère à celles de Maurice ou des hommes de lettres ses amis? Combien plus de prime-saut, de naturel, de grâce et de liberté ! Chez la sœur, tout est don gratuit, expansion généreuse ; chez le frère, on sent la culture par-dessus les dons, l'effort, le moi , l'ambition de l'écrivain. L'avouerai-je ? Dans ces deux volumes mélancoliques qui forment comme un seul testament fraternel , sans vouloir diviser ni choisir, malgré la grande valeur et le puissant souffle de naturalisme poétique de Maurice, il me semble que l'intérêt reste surtout à la correspondance d'Eugénie.

J'en dirais presqu'autant du second livre que je signalais tout à l'heure. Peu d'hommes ont été mieux complétés que le P. Lacordaire par leur correspondance posthume. Le monde ne l'entrevoyait jusque là qu'à travers le prestige oratoire qui restera l'un des grands souvenirs intellectuels de notre temps ; ses lettres , à côté de l'impérissable couronne de l'éloquence, ont montré l'auréole de la bonté, de la sainteté. Cependant , écrivant à cette grande dame russe , à laquelle on aurait mauvaise grâce à refuser ses lettres de naturalisation , bien que son esprit et son talent restent empreints du génie mystique de sa race , il était amené à lui dire : « Vous autres femmes vous avez un art de dire qui est admirable, qui est fin, délicat , enveloppé , ouvert quand il le faut, et à charmer tout l'univers. Il faut nous pardonner notre esprit grossier , qui va tout droit même quand il va de travers. » Dans cet échange intime de confidences et de conseils, le célèbre dominicain n'a pas tort de le dire , l'avantage reste souvent à la femme , à la préoccupation féminine , désintéressée

et supérieure, d'édifier un homme, de l'élever à sa plus
haute puissance. Préoccupation féminine, ai-je dit,
mais bien plus encore maternelle, et manifestée cette
fois avec la surabondance touchante, la délicatesse
presque subtile des mères qui n'ont pas d'enfants.
L'homme, le moine, aussi admirable par le fonds
chrétien des sentiments, reste dans la forme plus
raide et gêné par la légitime mais farouche et conten-
tieuse prétention de ne pas être conduit. Chose singulière, cette âme vaillante, par précaution d'indé-
pendance, se donne littérairement les désavantages
et comme les torts de la peur.

J'allais tenter sur les romans de femmes le même
examen sommaire, mais, à mesure que j'ai avancé
dans la revue de mes souvenirs, je n'ai fait que con-
firmer mon faible pour leur correspondance. En
abordant cette étude on se heurte inévitablement,
en effet, aux torts les plus graves qui pèsent sur
leur conscience littéraire. Boileau, Molière se sont
montrés rudes pour les précieuses, placés qu'ils
étaient en face du plus grand péril qui ait jamais
menacé notre littérature. Quand nous aurons fait des
réserves sur leur arrêt souverain ; quand nous aurons remarqué que, si l'hôtel Rambouillet com-
promit la langue, cependant il la polit, l'enrichit et
l'aiguisa, au risque de rendre nécessaires les retours
périodiques à la forge, au marteau, et la trempe à
nouveau dans l'antique source gauloise pour retrou-
ver la rectitude et la solidité de notre tranchant ; en
serons-nous pour cela plus avancés ? Quittez un
volume de lettres pour un roman, *la Clélie, Zaïde,
Les Malheurs de l'Amour, Malvina, Corinne,* et jusqu'à l'œuvre presque entière du magistral écrivain
qui tiendra une place si considérable dans la littéra-

ture du xix⁰ siècle, en faudra-t-il moins changer
d'air et de ton, dire adieu à la simplicité, à la sincérité, affronter la pleine mer, les tempêtes et l'âme
compliquée des femmes-auteur ? En somme, raffi-
nements chevaleresques, carte de Tendre, Bergeries,
déclamations philosophiques, abus des thèses et
divagations sociales, tous ces écueils sous-marins
qui ont failli faire dévier notre courant, c'est dans
les eaux dangereuses du roman qu'ils se sont tenus
cachés. Il était donc certain que nous allions ren-
contrer là de l'exagération, des travers, une gloire
moins pure, quasi-virile, moins de services rendus
soit à l'art, soit au pays, soit à la nature hu-
maine (1).

L'action dominante des femmes sur la France de
l'ancien régime ou sur la France constitutionnelle,
s'est surtout produite dans les salons, par la conversation. « La conversation, *comme talent*, n'existe
qu'en France », disait M^{me} de Staël. Et elle ajoutait
avec une autorité sans pareille, car elle avait le génie
de la causerie : « Le genre de bien-être que fait
» éprouver une conversation animée ne consiste pas
» précisément dans le sujet de cette conversation ;
» les idées ni les connaissances qu'on y peut déve-
» lopper n'en sont pas le principal intérêt ; c'est une
» certaine manière d'agir les uns sur les autres, de
» se faire plaisir réciproquement et avec rapidité,
» de parler aussitôt qu'on pense, de jouir à l'ins-
» tant de soi-même, d'être applaudi sans travail,
» de manifester son esprit dans toutes les nuances
» par l'accent, le geste, le regard ; enfin de pro-

----

(1) Comme il s'en rencontre, par exemple, chez d'autres nations
et d'autres races. Aux États-Unis, la Case de l'oncle Tom de
M^{me} Becker-Stowe, en Angleterre, les romans de Miss Brontë,

» duire à volonté une sorte d'électricité qui fait
» jaillir des étincelles , soulage les uns de l'excès de
» leur vivacité, et réveille les autres d'une apathie
» pénible. »

L'esprit français , l'esprit des dames françaises
a été de tout temps le meilleur conducteur de
cette électricité. Or, étincelles , accent, regard ,
mouvement , variété des actions respectives dans
l'unité d'une atmosphère intellectuelle animée , sensible à l'excès , toutes ces choses fugitives ne se
fixent point sur le papier. Après quelques heures ,
le souvenir en devient flottant chez le mieux doué
des auditeurs. Que sera-ce pour la postérité?
L'image réelle est-elle donc perdue sans retour?
Non, Messieurs : le miroir épistolaire en fera encore
passer sous nos yeux le reflet le moins infidèle. La
correspondance des françaises est comme une pho-
tographie des salons français. Voilà, si je ne me
trompe , la meilleure raison qui puisse être donnée
à l'appui d'une prédilection que chacun , d'ailleurs ,
peut contester.

Quelle sera maintenant sur la France démocratique
à peine sortie des langes, le mode pratique de l'influence dont nous venons d'étudier le plus délicat
des instruments dans le passé? Grave question, com-
plexe, difficile. Aux salons ont succédé les cercles ;
à l'union, à l'action réciproque dans un but commun,
la division, la séparation presque complète des hommes et des femmes , scission funeste et mortelle à
l'esprit français. Les femmes seules ne se réunissent
plus, les hommes seuls n'ont plus ni lien ni vie. Loin
de mieux jouir du temps, ils le tuent avec des misè-
res, non sans peur d'en être tués. Avec une instruc-

tion moyenne infiniment plus répandue, un horizon agrandi, des âmes plus impartiales , plus ouvertes, des facilités de rencontre inusitées, la vie mondaine s'éteint dans le vide. Regardons-nous aux mœurs privées ? La familiarité , le sans-gêne , le respect traité de superstition , la confusion entre la fantaisie et l'élégance , l'égoïsme pris pour la liberté , de la hâte un peu partout , de la mesure nulle part , voilà ce qu'on nous montre à la place d'une politesse qui portait en Europe notre unique nom. Regardons-nous aux mœurs publiques ? Il serait mal de médire de nos efforts actuels et de la belle tentative de réforme dont nous venons d'être les témoins ; est-il possible cependant de ne pas être frappé d'un affaiblissement du patriotisme et du ressort national ?

L'heure, en tout cas, est dure à passer ; les suites sont obscures. N'y eût-il qu'à aider une renaissance définitive , ce n'est pas trop de toutes les forces nationales pour travailler efficacement à toutes les parties de l'édifice. Il n'est pas question, cela va sans dire, d'occuper les femmes au couronnement et aux besognes directes et viriles de la politique. Leur rôle est de préparer discrètement et sans y toucher les plans dans l'âme des architectes. Il est évident, par exemple, que la modification des mœurs privées leur appartient. Nous n'avons, pour devenir meilleurs, plus polis, plus français, qu'à leur revenir. A elles de trouver le secret de la dignité simple , de la bien-veillance chrétienne , de la déférence dans les rapports , qui suppléent le respect et la hiérarchie dans les sociétés démocratiques.

Mais il nous appartient surtout de rechercher les indications qui ressortent pour une telle œuvre de leur histoire littéraire. Il ne semble pas, Messieurs ,

qu'elle nous conseille de les convier en masse, en
vue de nous corriger, à faire de la littérature. Nul
temps n'eut moins besoin que le nôtre de semblable
excitation. A défaut de tous les féminins à poëte,
à écrivain, de tout temps rejetés par une langue
avare et partiale, n'étions-nous pas contraints, hier
encore, de créer à leur usage ce néologisme incivil
de *Bas-Bleu*, qui nous oblige devant elles à un aveu
humiliant? même à propos des choses les plus gra-
cieuses, le dictionnaire contemporain ne s'enrichit
plus qu'avec de l'argot. La meilleure littérature féminine, quelle était-elle dans le passé, quelle sera-
t-elle dans l'avenir après les développements d'instruction et les changements qui se préparent? La
même probablement : celle que nous appellerons,
sans vouloir, bien entendu, l'emprisonner dans une
forme déterminée, la littérature indirecte, qui coule
de la vie réelle comme de sa source naturelle, et qui
s'est trouvée à l'usage la plus franche, la plus originale, la moins empreinte d'imitation, d'inspiration
virile.

Et, Messieurs, qu'une bonne fortune accidentelle
livre à l'usage du public un roman réel, le secret
de quelque vie intime, obscure, simple, dévouée,
religieuse, quelle supériorité pour l'efficacité sociale
et les résultats sur les romans imaginés ! Je viens de
nommer le *Journal d'Eugénie de Guérin ;* nous pou-
vons mettre à côté *les Récits d'une Sœur,* toute ré-
serve faite cependant au sujet de l'un des person-
nages du livre, sorte de *précieuse de la Mort*, qui
traite trop couramment de pis-aller, et la vie de ce
pauvre monde, le premier des dons divins, l'unique
moyen, après tout, que la Providence ait encore
trouvé de nous procurer l'autre, et ses conditions

les plus raisonnables , y compris le mari qu'elle épouse en attendant. De ces écrits sort un doux parfum, la révélation d'un idéal qui semble nouveau, tant les peintures qu'on fait de nous au monde entier s'éloignent de ces réalités touchantes. Morale sans thèses , existences supérieurement honnêtes, nobles dans leur simplicité , tendres , passionnées sans avoir la passion pour fin , mettant Dieu , la patrie , la famille , à leur place éternelle dans les sociétés civilisées , voilà ce qui contribue à donner à ces œuvres leur caractère social. Elles font même l'effet de vrais livres de piété à côté de ces inspirations fiévreuses , étonnantes , qui parfois satisfont l'esprit devenu moins délicat, qu'on admire, mais qui laissent l'âme amollie , enivrée, hors d'elle , du moins, troublée presque toujours.

Une instruction générale plus forte (1) , plus variée, mieux appropriée surtout, sans direction spécialement littéraire, paraît devoir suffire aux besoins de la société nouvelle. Quant à l'éducation morale et religieuse, elle devra forcément désormais être tournée de plus en plus vers le sentiment et l'exercice des vertus publiques. Dans l'ancien régime , où de mâles qualités se mêlaient à beaucoup de vices , les femmes connaissaient , pratiquaient , inspiraient naturellement le devoir patriotique.

Soixante ans de trouble et de révolution ont obscurci, aux yeux de nos contemporaines, ce grand aspect de la morale. Il y a deux belles lettres sur ce grand sujet dans la correspondance posthume

_________

(1) M<sup>me</sup> de Sévigné avait reçu de Ménage des leçons de latin , d'italien , d'espagnol. M<sup>me</sup> de Lafayette, élevée d'abord par son père , le Maréchal de La Vergne , esprit très-cultivé, reçut aussi les leçons du P. Rapin et de Ménage.

d'un homme en qui le passé et le présent s'étaient
embrassés de manière à produire la disposition de
libéralisme la plus propre à remettre notre pays
dans son assiette politique, si elle était généralisée.
« Rien ne m'a plus frappé, dit Tocqueville, dans
» l'expérience déjà longue que j'ai faite des affaires
» publiques, que l'influence qu'exercent toujours les
» femmes en cette matière ; influence d'autant plus
» grande qu'elle est indirecte. Je ne doute pas que
» ce ne soient elles surtout qui donnent à chaque
» nation un certain tempérament moral qui se ma--
» nifeste ensuite dans la politique..... J'ai vu cent
» fois dans le cours de ma vie des hommes faibles
» montrer de véritables vertus publiques, parce
» qu'il s'était rencontré à côté d'eux une femme
» qui les avait soutenus dans cette voie, non en leur
» conseillant tels ou tels actes en particulier, mais
» en exerçant une influence fortifiante sur la manière
» dont ils devaient considérer en général le devoir ou
» même l'ambition. Bien plus souvent encore, il faut
» l'avouer, j'ai vu le travail intérieur et domestique
» qui transformait peu à peu un homme auquel la
» nature avait donné de la générosité, du désintéres-
» sement et de la grandeur, en un ambitieux, lâche,
» vulgaire et égoïste, qui, dans les affaires de son
» pays, finissait par ne plus envisager que les moyens
» de rendre sa condition particulière commode et
» aisée. Et comment cela arrivait-il ? Par le contact
» journalier d'une femme honnête, épouse fidèle,
» bonne mère de famille, mais chez laquelle la grande
» notion du devoir en matière politique, dans son
» sens le plus énergique et le plus élevé, avait tou-
» jours été, je ne dis pas combattue, mais ignorée. »
Il faut convenir, d'ailleurs, que si les hommes ont

conservé en cette matière, un discernement plus sûr,
il est beaucoup trop platonique. Entre les notions,
les convictions et les actions il y a trop de distance.
Le mouvement ne se transmet plus que faiblement ;
l'impulsion n'est pas assez forte. On dirait que l'idée
patriotique ne dégage plus habituellement assez
d'électricité, de volonté pour imprimer aux actes
publics quotidiens la suite, l'énergie et le désintéressement qui font les grandes nations. Il est
temps de réclamer, des mères, des épouses, de toutes les femmes, de celles qui agissent comme de celles qui écrivent, cette inspiration insensible mais
toute-puissante qui prend l'homme au berceau, au
foyer, ne le quitte plus et l'enlace, qui devient l'âme
de l'action, qui donne aux croyances toute leur efficacité, toute leur virtualité. On peut rêver d'autres
moyens de transformation ; il n'y en a pas de plus
naturel et de plus sûr pour garder la démocratie
française de plagiat, lui conserver sa marque, sa
physionomie nationales, à côté de ces exemplaires
qu'on va lui chercher dans l'autre monde.

Sans doute remarquez-vous, Messieurs, que je n'ai
pas dit un mot sur la poésie dans une fête qui lui
appartient. Si le génie épistolaire des femmes leur a
valu de fixer dans la Correspondance l'expression
exquise de l'urbanité et de la sociabilité françaises,
est-ce donc une raison d'oublier que leur participa-
tion poétique a préparé cette sociabilité même ? A
l'heure crépusculaire où naît le monde moderne, mê-
lées aux troubadours et mieux écoutées qu'eux, sortes d'enchanteresses dans la forêt féodale, les dames
et les damoiselles ont civilisé en charmant. D'abord,
elles assouplirent par l'amour humain la sauvagerie

guerrière, elles la domptèrent ensuite en lui appre-
nant l'amour divin, la piété , le culte chevaleresque
de la Vierge. C'est à cette période que se rattachent
nos meilleurs titres et la gloire du collége du Gay-
Savoir. Cette bonne fortune littéraire de Toulouse me
ramène naturellement à la pensée première de cet
entretien académique et à la statue d'Auguste Préault.
L'occasion est excellente, la ville s'ouvre et s'embel-
lit ; pourquoi l'Académie hésiterait-elle à payer une
vieille dette nationale en demandant à la statuaire la
consécration de ses traditions? Pourquoi ne pren-
drait-elle pas hardiment une initiative qui ne peut
venir que d'elle pour préparer, au centre de l'un de
ces gracieux jardins que l'art introduit aujourd'hui
dans nos villes, l'érection du monument de Clémence Isaure, éloge de bronze et de marbre, glori-
fication vivante toujours debout au milieu de nous.

Encore une fois, *ce génie semant des fleurs* ne
serait point la personne voilée d'apparence presque
monastique que nous sommes habitués à révérer ;
mais , au lieu d'un portrait , nous aurions , ce qui
vaut mieux , une gerbe de vérités , de réalités histo-
riques jaillissant des entrailles même de la cité La
colonne de dame Clémence symboliserait à la fois
l'action des femmes dans le Midi , chez ces races
latines qui recherchent les lettres à l'égal du pain
sous le beau nom d'*humanités ;* le goût délicat des
plaisirs de l'esprit persistant, par leur influence, à travers les vicissitudes politiques , et, comme résultat,
une civilisation chevaleresque , élégante , le plus
puissant attrait du monde occidental depuis la culture hellénique , en regard d'autres civilisations
aujourd'hui égales en puissance , mais qui n'auront

jamais ni la même parure , ni le même atticisme , ni la même ouverture de génie.

En dehors de ces mérites publics , ce monument aurait encore pour l'Académie le pieux et touchant avantage de consacrer une courtoisie dernière de notre patronne envers ses Mainteneurs : sûre désor-mais de sa gloire, condescendante envers les temps nouveaux et leurs usages positifs, elle nous dispenserait , à l'avenir, de ces ascensions annuelles, convenues sur nos petits Pindes académiques, sentant malgré tout, le râteau , la serpe et le labeur des jardiniers de profession,

**Mars 1870.**

Toulouse, Impr Douladoure ; Rougot frères & Delahaut, succ", rue St-Rome, 39.

124

www.ingramcontent.com/pod-product-compliance
Lightning Source LLC
Chambersburg PA
CBHW061356050726
47595CB00005B/2279